COLLECTION

TAUROEÏS

VOLUME 6

FRANCK SOLÈZE

TAUROEÏS

FIN DE SAISON

Édition : BoD · Books on Demand, 31 avenue Saint-Rémy, 57600
Forbach, bod@bod.fr
Impression : Libri Plureos GmbH, Friedensallee 273, 22763 Hamburg
(Allemagne)

Impression à la demande
ISBN : 978-2-8106-1554-4
dépot légal : mai 2025

Voici ici les relevés d'échos temporels du 19 septembre au 25 septembre et plus, soit qui englobent la fin de la saison de la campagne de César contre les Massaliotes selon la guerre civile. Or sachant que dans les échos temporels Massalia tombe le 26 juin et non le 25 octobre, ces relevés vont offrir un regard nouveau encore, consultatif bien sûr, sur le choix de cette date et qui, pour le coup, va paraître bien surprenante et nous montrer un des aspects de la psychologie quant au choix des dates pour un récit de l'Antiquité et nous permettre de pouvoir quantifier et qualifier une certaine distorsion.

19 septembre

<u>Antipolis</u>, les troupes romaines ont rabattu les Ligures.
<u>Nikaïa</u>, les Ligures fuient par la côte.
<u>Athénopolis</u>, les troupes romaines sont arrivées.
<u>Olbia</u> est sous occupation romaine.
<u>Port de Massilia</u> 0e 0o.
<u>Hérakleia</u> est sous occupation romaine.

20 septembre

<u>Antipolis</u>, c'est la tranquillité chez les Romains après la victoire.
<u>Nikaïa</u>, Les Romains ont pris la cité, des troupes ont continué vers Monoikos.
<u>Olbia</u> est romaine.

<u>Hérakleia</u>, le camp romain a été rasé par une attaque ligure.

<u>Port de Massilia</u> 20 0.

<u>Athénopolis</u> a subi une attaque ligure massive également, les mêmes venant des Maures actuelles. Les seuls survivants sont sur un bateau, et ce ne sont pas des pilotes, le bateau est immobile en mer. Les Ligures attendent qu'il réacoste.

21 Septembre

<u>Antipolis</u> vit une installation romaine, aménagement, etc.

<u>À Nikaïa</u>, les troupes romaines sont présentes et se positionnent devant la ville.

<u>Olbia</u> est sous occupation romaine.

<u>Athénopolis,</u> le navire des rescapés est à la dérive.

<u>Port de Massilia</u> 0e 0o.

<u>Hérakleia</u> est de nouveau aux Ligures.

22 septembre

Relâche, pas de relevés.

23 septembre

<u>Antipolis</u> est romaine.

<u>Nikaïa</u> est aux Ligures.

<u>Olbia</u> est romaine.

<u>Athénopolis</u> a été reprise par les Romains.

<u>Hérakleia</u> est reprise également par les Romains. Ils commencent le quadrillage et l'incendie de la forêt.

<u>Port de Massilia</u> 0e 0o.

Aux Embiez, pleurs et souffrance au niveau du port des Embiez.

À Bandol, il y a un nouveau chef romain aux anciens appartements des chefs grecs. La ville est sereine et productive.

Massilia, la ville est réinvestie cette fois-ci bien en dehors des limites de la muraille. La ville est productive. Le cirque fonctionne avec des jeux moins sanglants, courses de chars ? De nouvelles parcelles sont prêtes à accueillir de nouveaux habitants.

Cytharista, les grandes villas ont été reconstruites, leurs riches habitants passent des jours paisibles.

Carcisis a été reprise, c'est une femme qui en est la cheffe. Elle entend faire fructifier la cité.

La Cadière, la cité a été réinvestie par les Romains. Le nouveau chef est gay et vit avec son compagnon, ils ne pensent qu'à la mode. Le Castellet est romain. Les prêtresses sont revenues, il y a une nouvelle zone fortifiée au sommet.

Bandol, la ville est sereine, l'activité est basée sur la productivité. Le nouveau chef romain siège dans l'ancien QG, il juge et fait emprisonner. Il entend faire régner l'ordre dans la cité. Il est âgé et fermé, un peu narcissique, très soucieux de son apparence. Comme il est d'un âge avancé, le soir il angoisse, il a peur de mourir. Il est rigoureux, il n'y a pas de débordement et d'irrespect apparent. Or le soir, discrètement il fait amener des jeunes garçons esclaves.

Embiez, le bastion nord est utilisé pour le stockage des denrées. Le bastion sud est quant à lui quasiment démantelé, la grande muraille également, il ne reste que quatre mètres de hauteur de muraille.

24 septembre

<u>Antipolis</u>, les Romains fêtent et célèbrent leur nou-
velle ville.
<u>Nikaïa</u>, les troupes romaines essaient de reprendre
la ville, les Ligures se réfugient dans les rues de la
cité.
<u>Olbia</u> est romaine.
<u>Athénopolis</u>, un chef important vient prendre les
rênes de la cité.
<u>Port de Massilia</u> 0 20.
<u>Hérakleia</u>, les Ligures attaquent à nouveau.

25 septembre

<u>Antipolis</u> est toujours romaine, de nouveaux Ligures
sont arrivés, ils ont établi leur camp autour de la
ville.
<u>Olbia</u>,il y a un déplacement de troupes romaines
vers Hérakléia. Port de Massalia 20 0.
<u>Hérakleia</u> a été attaquée par les Ligures, il reste peu
de Romains.

26 septembre

<u>Embiez</u>, au port, en fait les gens qui sont amenés là
sont des populations déplacées qu'on laisse mourir
de soif et de faim, laissées à l'agonie, femmes et
vieillards, les Romains profitent de cet espace isolé
pour cette sale besogne. Au bastion sud ,il ne reste
presque plus rien du bastion et du couloir de la

mort. À la grande Muraille, il ne reste plus que 50cm à 1m de murs par endroits.

À Telon, des équipes spécialisées renflouent la trirème pour césar(!!!???). Grue, barge, palan.

Bandol, la ville est déçue, le vieux chef est mort. J'ignore de quoi, mort naturelle ? Empoisonnement ?

Antipolis, les Ligures ont repris la ville.

Nikaïa, les Romains s'y sont repliés.

Olbia, les Romains sont revenus en masse.

Athénopolis est toujours romaine. Port de Massilia 70 0.

À Hérakleia, les Ligures ont rasé le dernier camp de repli romain.

27 septembre

Antipolis, les Ligures commencent à manger les prisonniers et les morts.

Nikaïa, les Romains partent en étant récupérés par des galères.

À Olbia, des troupes romaines viennent en masse à nouveau.

Athénopolis, les Romains sont démonstratifs, ils affichent des drapeaux, etc, pour montrer leur prise de position.

Port de Massilia10e 0o.

Hérakleia est reprise par les Romains venus d'Olbia, c'est la désolation en découvrant le camp ligure de la dégustation...

Au port des Embiez, une fois que les gens semblent tous morts ils les brûlent, certains sont toujours comateux et agonisants, soit vivants. Je ne sais pas d'où viennent ces gens et ce qu'ils ont fait, peut-être des comptoirs plus à l'ouest de Massilia, Agde ? (Agatha tyché), etc.

28 septembre

<u>Antipolis</u>, les Ligures emmènent les prisonniers romains, ils ont l'air moins barbares, il y a deux clans. Les barbares qui sont allés chercher les moins barbares, peut-être les Oxybiens. Les Déceates ont dû aller chercher les Oxybiens en renfort donc.
<u>À Nikaïa</u>, finalement de nouvelles troupes romaines débarquent.
<u>Olbia</u>, il y a un mouvement de troupes romaines vers Tauroeïs ou l'intérieur des terres. Port de Massilia 40 0.
<u>Athénopolis</u>, les Romains se concentrent dans la citadelle, pour se préparer à une attaque ?
<u>Hérakleia</u>, les Romains construisent des fortifications, un camp fortifié.
<u>Massalia</u>, il y a beaucoup de mouvements de troupes, de passages de troupes, revenues d'Espagne ? La cité se fige, priorité aux mouvements militaires. Les civils ont toujours peur des légions, jamais rassurés. En ville, un homme qui a un uniforme de légionnaire l'enfile et va exiger un repas dans une riche maison.
<u>Cytharista</u>, les riches romains dans leur villa ne sont inquiétés de rien, toutes les informations les amusent.
<u>Carcisis</u>, la cheffe a des difficultés à rendre l'exploitation rentable.

<u>La Cadière,</u> la cité est un peu perturbée, les légions passent également. Le chef vit son idylle avec son amoureux, ils vivent ensemble un peu reclus, loin de tout, avec une passion pour la mode donc.

<u>Castellet</u>**,** les femmes ou prêtresses sont presque toutes parties, peut-être leurs cultures ne peuvent se faire seulement l'été.

<u>Bandol</u>, le corps du chef a été emmené, il a été veillé, les appartements sont fermés, la ville est contrariée, César est rentré, sa trirème est dans le port. Il prend connaissance de la situation, il semble avoir récupéré sa condition physique quoique, pas toute sa mobilité. Il projette un voyage pour la Corse on dirait, ou Sardaigne, Sicile, ou Rome, avec sa trirème, peut-être qu'il veut parader avec sa trirème (je pense qu'il pourrait s'agir en fait d'une sorte de dromon, qui normalement n'apparait qu'au 6 ième siècle après J.-C. Ce serait donc une sorte d'ancêtre du Dromon car la taille d'une trirème ne correspond pas à la taille des navires perçus, ce qui expliquerait que les Grecs n'en avaient que 3,4 à Tauroeïs et que César en avait la convoitise). Il n'est pas délégué chef de la situation sur la côte et des autres comptoirs grecs. Il a hâte de voyager avec sa trirème, dromon.

Embiez, ceux qui ont été laissés mourir de faim et de soif étaient peut-être des Romains sympathisants de Pompée faits prisonniers en Espagne ou à qui on aurait promis un sort meilleur s' ils partaient.

29 septembre

<u>Antipolis</u>, les Ligures se préparent à la bataille.

Nikaïa, le camp romain commence à devenir massif.
Olbia, la garnison est au minimum.
Athénopolis, la garnison est au minimum également. Port de Massilia 0e 20o.
Hérakleia, le camp romain fortifié est en place.
Bandol, César est là et il se moque de je ne sais quoi.
Massilia, les troupes sont remontées vers Aix puis vers Antipolis, certainement pour prendre les Ligures à revers. Massilia retrouve sa légitimité citadine. Le cirque est inactif, le fort extérieur est utilisé pour entreposer les récoltes, denrées, il a dû être nettoyé. Dans les maisons du bord de mer, les habitants restent contemplatifs des crépuscules.
Cytharista, dans les villas romaines, les riches commencent sérieusement à se remplir la panse, les températures froides arrivant. À Carcisis, la gérante en a ras le bol, elle veut jeter l'éponge. Elle trouve son exploitation infructueuse. La Cadière, la cité rentre dans l'automne, le chef et son compagnon se lisent des poèmes ou s'essayent à la poésie.
Le Castellet, les femmes sont pratiquement toutes parties. Il reste un petit fort de vigie au sommet.
Bandol ,en buvant du vin, César se fout de ses successeurs qui n'ont à faire qu'à des Ligures, alors que lui a eu a conquérir les Grecs, Tauroeïs et Massilia pour les plus difficiles. Peut-être regrette-t-il de ne pas avoir été désigné pour le contrôle des comptoirs. Puis il s'endort, ivre, ses serviteurs le couche. Il fait des cauchemars de peuplades qui viendraient se venger, hommes, soldats, femmes, etc. Il se réveille dans la nuit, appelle un serviteur, écrit un message qui doit être expédié à l'aube.

Embiez, anciennement bastion nord, des hommes reluquent des amphores de vin dans les denrées. Au port de commerce, des esclaves en fin de vie sont arrivés, ils vont les achever dans l'enceinte de la mort, les laisser mourir de faim et de soif comme ceux précédemment peut-être. Pour l'instant sachant qu'ils vont mourir, des Romains jouent avec eux, les molestent etc. L'enceinte de la mort doit être parfaitement nettoyée pour ne pas créer de panique et de rébellion.

30 septembre

Embiez, les esclaves ont été amenés dans la grande fosse du port actuel des Embiez, côté ouest. Ils servent de test pour de nouvelles machines de guerre, et d'entraînement pour les archers. C'est un massacre général, les Romains s'amusent avec la mort.

Antipolis, les Ligures sont attaqués par les Romains, venus des troupes accumulées à Nikaïa et des troupes arrivées par l'ouest. C'est un écrasement total des Ligures.

Nikaïa les troupes sont parties pour Antipolis, le camp arrière est assuré.

Olbia, les troupes sont parties vers l'ouest.

Athénopolis, c'est le retour des troupes ayant participé à la bataille d'Antipolis. Port de Massila 0e 0o.

Hérakleia, le camp romain provisoire est toujours en place.

Bandol, César est parti en voyage inaugural avec son dromon, pour la Sicile je crois. La ville est soulagée, les gens ressortent, vivent, et font du bruit normalement. Un nouveau chef est arrivé et a pris position dans les anciens appartements grecs. C'est lui qui a donné l'autorisation aux gens de la ville de vivre normalement. César est parti au matin. Avant de partir, il a regardé une dernière fois la vue de sa terrasse panoramique. Le nouveau chef provisoire est jeune, certainement celui qui a été appelé par le messager de cette nuit, il apprécie l'appartement panoramique puis il s'entraîne au combat ,car il a besoin de faire de l'exercice physique. Il se fait des films de victoire, mime des victoires et de la reconnaissance des autres, acclamations, etc. Puis il part faire une reconnaissance dans la ville.

1er octobre

<u>Embiez</u>, on fait venir des personnes aisées, nulles en combat, et ils tirent à l'arc sur une dizaine d'esclaves attachés à des poteaux, pour leur amusement. Quand ils touchent un esclave, aidé par un soldat parfois, ils exultent. Il n'y a aucune considération pour les personnes utilisées. En fait c'est un nouvel arrivage de personnes valides, j'ignore ce qu'ils ont fait pour être traités ainsi . À côté, on brûle déjà les victimes de la veille. C'est peut-être les esclaves les plus présentables qu'on a réservés pour ce final.

<u>Antipolis</u>, après la victoire, les Romains brûlent les morts, font des prisonniers et pratiquent la décimation.

<u>Nikaïa</u>, les troupes venues par la mer, repartent par la mer, en masse.

Olbia, des troupes sont revenues, la cité est pleine à moitié.

Athénopolis, les drapeaux romains sont en masse, au vent. Port de Massilia 30e 0o.

Hérakleia a encore été attaquée par des Ligures, le camp a été rasé.

Bandol, le nouveau chef essaye une toge, il se prend pour César ou autre, il mime un discours, etc. Il semble être un peu mythomane.

Embiez, ce sont des personnes qui sont punies, ils arrivent avec leurs riches exécuteurs. Il ne reste plus rien sauf les fondations du couloir de la mort et de la grande muraille.

2 octobre

Embiez, dans l'arène de la mort, les Romains ont amené des fauves pour qu'ils se nourrissent des restes de la veille. Puis quelques hommes punis ou condamnés sont lâchés un à un dans l'arène encore pour le spectacle pour amuser les riches romains. Je crois qu'il y en a un qui veut faire un élevage de fauves à côté de la fosse. Retour du tir à l'arc en fin d'après- midi, leurs enfants sont mis à contribution.

Antipolis, les Romains finissent de nettoyer la ville.

Nikaïa, les Romains qui sont restés, réinvestissent la ville.

Olbia, la cité est pleine à nouveau, romaine.

Athénopolis est toujours romaine.

Port de Massilia 20 0.

Hérakleia, une galère romaine s'approche pour faire une reconnaissance sans accoster.

3 octobre

<u>Antipolis</u>, a été reprise par les Ligures Oxybiens (non cannibales).
<u>Nikaïa</u> a été reprise par les Ligures également, les Romains ont eu le temps de fuir par navire.(le gros des troupes étant parties).
<u>Olbia</u> est reprise par les Ligures également, les Ligures font un tout droit dans la ville jusqu'à ses limites puis, en revenant sur leurs pas, ils achèvent les blessés.
<u>Athénopolis</u> est toujours romaine.
<u>Port de Massilia</u> 10e 0o.
<u>Hérakleia</u>, les Romains ont débarqué, certainement pour venir à l'aide d'Olbia ou pour la reprendre, les fuyards de Nikaïa possiblement. Ils tombent sur le camp décimé qu'il renfloue.

4 octobre

<u>Embiez</u>, ils brûlent vifs des femmes et des hommes accusés de je ne sais quoi dans la fosse ou l'arène de la mort, sur des bûchers. Les plaignants, aisés assistent à l'exécution des condamnés. Soit la fosse fait office de hall de justice également.
<u>Antipolis</u>, les Oxybiens qui étaient venus en masse sont repartis. La cité reste déserte. Il ne reste qu'une poignée de Déceate, année 0 pour ces derniers.
<u>Nikaïa</u>, c'est le retour de quelques Romains par voie de mer, en éclaireurs.

<u>Olbia</u>, les Ligures sont repartis, le camp romain est rasé, il semble ne pas y avoir de cannibalisme cette fois.

<u>Hérakleia</u>, les Romains sont repartis par voie maritime, ils ont dû envoyer des éclaireurs pour Olbia et vu le résultat, ils ont décidé de partir.

<u>Athénopolis</u>, des troupes ligures sont arrivées en masse, les Romains ont préféré fuir avant l'attaque.

<u>Port de Massilia</u> 50o 30e.

<u>Bandol</u>, la ville vit tranquillement, César n'est toujours pas revenu. Aux anciens appartements des chefs grecs, le nouveau chef profite pleinement de la vie avec des partenaires féminines.

6 octobre

<u>Antipolis</u>, quelques Oxybiens sont venus pour aider à faire repartir le clan Deceates. Ces derniers pensent à les manger…

<u>Nikaïa</u>, les éclaireurs romains sont repartis.

<u>Hérakleia</u>, il y a une petite activité ligure.

<u>Olbia</u> est pleine de Ligures, des Oxybiens?

<u>Port de Massalia</u> 20e 10o.

7 octobre

<u>Embiez</u>, à la Fosse, quatre ou cinq personnes sont exécutées aujourd'hui seulement, elles sont ébouillantées. Un couple interdit en fait partie, on dirait.

<u>Antipolis</u> les Ligures Oxybiens et le restant des Deceates font une fête, une célébration.

<u>Nikaïa</u> est sous occupation des Oxybiens.

Olbia semble occupée par les Oxybiens et alliés également.
Athénopolis est abandonnée.
Port de Massalia 50e 0o.
Hérakleia,les Ligures piègent la place abandonnée.

8 octobre

Antipolis, les Oxybiens commencent à se débarrasser discrètement de la poignée de Deceate qu'il reste, étant cannibales et autres, fauteurs de troubles, etc. Ils les éparpillent finalement dans leur population pour les briser.
Nikaïa est aux mains des Oxybiens.
Olbia, des Oxybiens sont partis, il en reste 1/3.
Athénopolis est abandonnée, c'est le retour de quelques Ligures comme avant. Hérakleia est aux Oxybiens.
Port de Massalia 20e 0o.

9 octobre

Antipolis est en feu, les Romains laissent tout en feu derrière eux, ils continuent ensuite leur route vers l'ouest.
Nikaia a subi un débarquement massif romain.
Olbia la situation reste inchangée, occupée à un tiers par les Ligures.
Athénopolis est toujours abandonnée.
Hérakleia, le camp ligure a peur, la nouvelle de l'attaque des Romains a dû leur parvenir.
Port de Massalia 0e 0o.

10 octobre

<u>Massilia</u>, son de trompette, petit discours, des troupes entrent ou prennent possession de la ville, une garnison tient la muraille restante. Ils s'apprêtent à subir une attaque. L'ennemi n'est pas encore en vue. Ça y est, la cité a un chef romain, barbu, il règne. Priorité aux objectifs commerciaux, tenir la cité, engranger des revenus, il a des comptes à rendre de par sa nomination. Les massacres au cirque sont interdits, ce sera maintenant plus que de la parade, sur char ,etc. C'est l'ombre ligure qui est revenue, Massilia est prête. C'est lui qui a demandé les renforts de troupes. Aux alentours de la ville, certains se sont préparés en creusant des caches au cas où. Le fort extérieur est abandonné dans le doute. Dans la ville certains ont peur. Ceux qui ont pu partir l'ont fait, mais la quasi-totalité de la ville a confiance en ses défenses. L'activité de la ville est un peu stoppée, les portes sont fermées. À la nuit tombée, on sonne le tocsin pour le couvre-feu, personne ne doit sortir de chez lui sous peine de mort peut-être. Un éleveur de fauves veut partir avec ses fauves puisqu'il n'est plus sollicité.

<u>Cytharista</u>, dans la peur d'une attaque ligure, les riches propriétaires sont partis pour des lieux plus sûrs.

<u>Carcisis</u>, la nouvelle cheffe accepte finalement le rendu de ses terres et leur production, du moins elle s'en contente.

<u>La Cadière</u>, le chef romain s'est fait poignarder par son amant sur une dispute ridicule : tu ne m'offres

pas ceci, c'est que tu ne m'aimes pas, etc. Il a été condamné au fauve. Il y a un nouveau chef à l'ancienne demeure des chefs grecs. Il est nommé pour tenir la cité et surtout la production. Il est intraitable sur le rendement. Il punit allègrement si le rendement ou la qualité ne sont pas à la hauteur. Il n'a pas d'excès notable pour l'instant, juste il est amoureux d'une très jeune fille, presque un enfant, en cachette, qui fait ce qu'elle veut de lui. Quand elle grandira, elle sait qu'il ne l'aimera plus, c'est sa pureté qui l'intéresse et son innocence.

Le Castellet, des prêtresses font des célébrations de remerciements, pour la récolte, etc, et des demandes pour les moussons à venir. Elles sont autour d'une statue féminine, des offrandes sont déposées à ses pieds. Une jeune prêtresse doit partir seule chercher je ne sais quoi, il s'agit d'un rite initiatique traditionnel, pour le bon augure de la nouvelle année. Elle dort dans les arbres la nuit pour se protéger des bêtes sauvages. Elle doit rester une nuit ou plus seule dans la forêt. À son retour, elle est célébrée, une prêtresse de plus, son rite initiatique est réussi.

Bandol, le chef provisoire a été empoisonné par une femme, c'était un meurtre commandité. Il est mort dans son sommeil, elle s'est servie d'une bague à cavité pour cacher le poison. Elle l'a fait boire. Elle n'a même pas eu a coucher, un verre et une fois la cible dans son lit, elle a regardé le panorama. La ville n'a plus de chef, les gens se lâchent, la ville est enjouée.

Embiez, dans la fosse et à côté, dans les locaux, des esclaves ou domestiques sont fouettés et torturés légèrement sans faire trop de dégâts sur leur corps pour ne pas les rendre inaptes au travail. Ils sont attachés, etc. Ils ont été punis par leur maître. Au terme de leur calvaire, ils retourneront chez leur maître, soit plus dociles ou plus performants .

César est prisonnier, je ne sais où, la ville où se situe sa prison est assiégée (bombardement boule de feu, etc.) on vient le libérer. Les Romains pensaient que personne ne se frottait à leur dromon, or ils ont été appréhendés par plusieurs bateaux et capturés. La vie de César est certainement sous demande de rançon.

11 octobre

<u>Massilia</u>, le chef de la cité a reçu un chef ligure, ils se sont entendus et les troupes ligures sont parties vers l'ouest sans aucun combat. Le siège a été évi- té, le chef romain est rassuré. La garnison reste quand même en position sur la muraille. Le couvre-feu étant annulé, la ville retrouve une certaine oisive-té.
<u>Carcisis</u> a été rasée par contre.(ravitaillement)
<u>Cytharista</u>, les riches propriétaires sont revenus après le mouvement des Ligures vers l'ouest. Ils rentrent chez eux, ce n'était peut-être pas des Li-gures, mais une autre tribu venue en renfort de l'ouest.
<u>La Cadière</u>, l'intendant passe du temps, caché avec sa petite partenaire, son refuge, en huis clos. Elle ne sait jamais quand est-ce que cela va basculer et ap-préhende le moment où il abusera d'elle. Générale-

ment, il sent fort son odeur et c'est tout. Elle a peur évidemment qu'il aille plus loin. Il l'idéalise pour sa virginité.

<u>Le Castellet</u>, la vie reprend son cours, c'est le temps des préparations pour l'hiver.

<u>Bandol</u>, il y a une nouvelle cheffe. En ville c'est la fête, les gens rient de la fin de l'ancien chef. La nouvelle chef a ordonné qu'ils fassent la fête, qu'ils soient joyeux pour honorer sa nomination. Elle prend possession de ses appartements et la vue panoramique la plonge dans la mélancolie, c'est sa solitude. En public, elle se montre forte, en privé elle se ronge les ongles. Il n'y a pas grand-chose qui l'intéresse vraiment, elle subit son existence plus qu'autre chose. Aucune exaction pour le moment.

<u>Antipolis</u> est semi-abandonnée, il y a des personnes qui font de la récupération sur le champ de bataille, logistique romaine post-bataille, ceux qui ont débarqué par Nikaia.

<u>Olbia</u> est vide.

<u>Athenopolis</u> est redevenue romaine.

<u>Hérakléia</u>, un camp romain a été réhabilité en plus de la ville.

César a été libéré suite à un assaut de la ville où il était enfermé en prison, il est dans un bateau en partance pour Rome.

12 octobre

<u>Antipolis</u>, les Romains établissent un camp militaire fortifié.

<u>Nikaia</u>, les Romains réinvestissent la ville.

<u>Olbia</u>, réinvestissement romain également.

<u>Athénopolis</u> est romaine.
<u>Hérakleia</u>, les Romains sont en masse.
<u>Port de Marssilia</u> 40e 20o.

13 octobre

<u>Bandol</u>, il y a eu une révolte des esclaves, serviteurs. Du fait que la cheffe avait ordonné qu'il fasse la fête, il y a eu un relâchement, ou alors aussi les teneurs avaient la gueule de bois, enfin les révoltés en ont profité, il y avait peut-être un chef de guerre meneur, caché dans les esclaves et quelques guerriers, la cheffe a été violée puis tuée, les mutins ont pris ensuite 2 bateaux pour partir. La maison a été saccagée. Je ne le verrai que plus tard, mais ils sont allés libérer d'autres esclaves prisonniers à la fosse. Au port de commerce des Embiez où ils ont accosté, ils se sont d'abord bien battus et ont réussi à décimer les hommes qui étaient là, puis ils sont partis à la fosse libérer les leurs, une femme en particulier. Les dresseurs ont été servis à leurs fauves. Puis ils ont tué les bêtes, un dresseur, qui avait dû s'enfuir et se cacher revient et pleure sur ces bêtes, mortes, son gagne-pain. C'est la fosse donc qui a été responsable de cette révolte, des esclaves comme vus précédemment ont dû en revenir et en parler aux autres.
<u>Antipolis</u>, les Romains commencent à établir des parcelles sur les ruines de la ville.
<u>Nikaïa,</u> les troupes romaines repartent en bateau. La ville est réinvestie.
<u>Olbia</u>, les Romains ont réinvesti toute la ville.

Athénopolis, on dirait une cité mortuaire... épidémie ? (attention très important, avant cette reprise romaine, les Ligures étaient passés le 4 octobre, ils ont laissé apparemment un petit cadeau à la cité, la cité ne se débarrassera plus de cette épidémie dans la boucle temporelle 49-48 av J.-C.).
Hérakleia, les Romains réorganisent la ville, etc, massivement. Port de Massilia 0e 0o

14 octobre

Bandol, les survivants, ceux qui se sont cachés, quelques serviteurs qui n'ont pas pris part à la révolte, entassent les corps et les brûlent. Quelqu'un va à l'appartement de la cheffe, une femme, elle ressort en criant, la cheffe est morte, vu hier, un messager part pour Massalia pour prévenir le chef de Massalia qui semble très affligé par la nouvelle. Peut-être c'était sa fille ou du moins une proche, et c'était peut-être lui qui du fait, avait fait empoisonner le précédent chef, placé par César. La maison de César a été incendiée partiellement aujourd'hui. Et non hier, ordre du chef de Massalia. En accusant les mutins. Les mutins ont été interceptés en mer, car ils étaient de mauvais marins, passés par les armes et jetés à la mer. Des prisonniers (ceux qui n'ont pas combattu) ont été faits pour montrer l'exemple plus tard.
Antipolis, la ville est en phase de reconstruction.
Nikaia, débarquement de beaucoup de Romains, logistique, esclaves, etc.
Olbia, réaménagements de la ville.

Athénopolis, ils sont tous presque morts, épidémie ? Empoisonnement ?

Hérakléia, il y a un débarquement massif également, reconstruction.

Port de Massilia 30e 0o.

15 octobre

Massalia, le corps a été amené au chef, il pourrait bien s'agir de sa fille, il est profondément affligé. Les médecins lui ont dit de quoi elle était morte, ce qui avait été dissimulé par ceux qui l'avaient apportée). Il est dans le deuil. Il lui demande pardon, etc. La cité est compatissante, elle porte le deuil également : couvre-feu pour soutenir le deuil.

Cytharista, les riches sont partis pour Massilia pour soutenir le chef dans son épreuve.

Carcisis, il y a juste une petite garnison, personne n'a repris la cité pour l'instant. Coupés du monde, les soldats passent leur temps à des jeux stupides et des moqueries entre eux.

La Cadière, le chef continue toujours son train-train avec les exploitations et sa petite perle, cachée des yeux de tous dans sa maison, sauf de ceux de ses serviteurs, la Kampusch antique. Cette situation l'arrange, au moins elle est en sécurité et ne manque de rien.

Le Castellet, les prêtresses font des célébrations à l'arrivée de l'hiver, elles honorent leur déesse, j'ignore laquelle. Des offrandes sont faites à sa statue, accompagnées de chants, etc.

Bandol, un bateau est venu, les hommes aident encore à nettoyer et à brûler les corps. Le corps de la cheffe a été amené solennellement. Quelqu'un qui la connaissait peut-être son frère est rentré dans les appartements, il a beaucoup pleuré à côté de sa dépouille après être sorti vomir dans un premier temps. Il reste très affligé.

<u>Antipolis</u>, une nouvelle ville renaît, toujours en reconstruction.

<u>Nikaïa</u>, des hommes et de la logistique débarquent toujours.

<u>Olbia</u>, la ville se réorganise.

<u>Athénopolis</u> quelques hommes débarquent et voient le spectacle de mort générale et repartent, épidémie foudroyante apparemment, par l'eau ?

<u>Hérakleia</u>, la ville fourmille, réimplantation, arrivée en masse. Port de Massilia 50-20.

16 octobre

<u>Antipolis</u>, 1re fête en ville, ils inaugurent un petit hôtel, statue, mais le travail doit continuer.

<u>Nikaïa</u>, il n'y a plus de débarquements, ils recommencent à démanteler les murailles.

<u>Olbia</u>, il y a une fête également... Fête romaine du coup le 16 octobre ?

<u>Athénoplolis</u>, la cité n'est toujours pas réinvestie, épidémie certainement donc, certains réémergent.

<u>Hérakléia</u>, **f**ête également. Port de Massilia 50e 20o.

<u>Massilia</u>, les prisonniers de la révolte des esclaves ont été amenés au chef romain de Massilia sous sa demande, pour interrogatoire. Les prisonniers survivants ont parlé de la fosse. En conséquence le chef romain a ordonné la destruction de la fosse et la mort de tous ses intervenants qui auraient pu sur-

vivre. Il ordonne la libération des esclaves. L'assassin de sa fille a dû être tué sur le bateau, étant combattant.

17 octobre

<u>Embiez</u>, la fosse est détruite, beaucoup s'adonnent à la récupération de tout ce qui peut l'être, fer, etc.

18 octobre

<u>Antipolis</u>, les Romains brûlent je ne sais qui, sur des bûchers en ligne. Le reste de la ville est calme.
<u>Nikaïa</u>, les Romains continuent la déconstruction des murailles.
<u>Olbia</u>, la ville est sereine.
<u>Athénopolis</u>, les Romains viennent récupérer quelques survivants qui semblent être encore en bonne santé par rapport à l'épidémie.
<u>Hérakléia</u>, la ville est pleine, les troupes armées s'en vont.
<u>Port de Massilia</u> 20e 0o.

19 octobre

<u>Massilia</u> la ville est toujours dans le deuil sous ordre. Le deuil a des règles bien spécifiques, certaines choses ne doivent pas être faites, ne pas faire de bruit en ville, pas de cri, la retenue globale, ne pas parler fort, etc. Il y a un marchand qui vend je ne sais pas quoi et qui fait une collecte en même temps pour je ne sais quoi. Autour du chef, la vie s'éternise autour des rites funéraires. Ceux qui prennent la mer

sont contents, car ils savent que, une fois sortis du port, ils pourront vivre normalement, parler, etc. Le chef est parti enterrer sa fille je ne sais où, sur ces terres natales certainement.

<u>Carcisis</u>, on vient récupérer les récoltes qu'avait laissées la précédente cheffe. La ville est réoccupée.

<u>Cytharista</u>, l'hiver arrivant doucement, les riches romains s'apprêtent à partir pour leur autre maison d'hiver certainement, plus au sud.

<u>La Cadière</u>, une apparente austérité du chef cache une déviance sexuelle avec sa jeune partenaire où il joue un rôle passif.

<u>Le Castellet</u>, 80% des prêtresses sont parties je ne sais où. Celles qui restent, de garde à leur fonction et place, s'ennuient.

<u>Bandol</u>, la ville ne c'est toujours pas remise de la révolte, très peu habitée encore. Il y a une vieille à l'appartement des chefs, très brumeuse. Peut-être continuent-ils tous le deuil. La ville n'est pas repartie.

20 octobre

<u>Antipolis</u>, la construction de la nouvelle ville continue.

<u>Nikaïa</u>, débarquement massif de population, ils partent vers l'ouest.

<u>Olbia</u>, déconstruction et reconstruction romaine.

<u>Athénopolis</u>, des esclaves ont été envoyés pour rassembler et brûler les corps.

<u>Hérakleia</u>, il y a un nouveau camp fortifié, la ville est sereine.

Port de Massilia 30e 0o.

Port des Embiez, ils continuent à abattre des constructions de la fosse, j'ignore lesquelles, comme de grands pics.

<u>Massilia</u> un nouveau chef est arrivé, il semble despotique. Le deuil est levé. Des messagers partent pour les comptoirs environnants. Peut-être le cirque va être réouvert pour des spectacles sanglants, le chef a quelque chose en tête. La ville n'est pas rassurée, certains ont peur pour leurs biens.

<u>Cytharista</u>, les riches romains sont déçus, j'ignore pourquoi.

<u>Carcisis</u>, la place forte toujours tenue par une petite garnison.

<u>La Cadière</u>, le chef n'est vraiment pas rassuré du tout non plus, il pense à partir, il prépare ses affaires pour partir. Avec sa jeunette qu'il doit faire passer pour sa fille, seul à cheval. Dans la cité certains attendent le nouveau chef (serviteur) d'autres partent.

<u>Le Castellet</u>, les filles, prêtresses, s'en vont aussi, aucune ne reste. Le Castellet est vide.

<u>Bandol</u>, en fait la personne âgée était la mère du chef de Massalia, soit la grand-mère de la cheffe grecque assassinée. Elle était venue pour se recueillir et voir le dernier endroit où avait vécu sa petite fille. L'ancien chef romain de Massalia est venu la récupérer. Dans l'appartement panoramique des chefs, ils se recueillent ensemble, parlent un moment. Il réussit à la convaincre de tenter un voyage en bateau. Il avait accosté aujourd'hui, puis ils partent en bateau. Quelques éléments sont récupé-

rés dans la ville et ils partent également. Changement de pouvoir, dirait-on, sur les villes limitrophes de Massilia ou dépendantes de.

<u>Antipolis</u>, les Romains ne sont pas rassurés non plus, j'ignore toujours pourquoi, certains pensent à partir également.

<u>Nikaïa</u>, le flux d'arrivants s'est arrêté, ainsi que le démantèlement des murailles de la ville.

<u>Olbia</u>, les Romains s'en vont également, très peu d'entre eux restent .

<u>Athénopolis</u>, la cité est vide de vie humaine post-épidémie.

<u>Hérakleia</u>, beaucoup s'en vont également, d'autres sont contents de ce changement. Massalia port 70e 40o. Des troupes prennent possession de la ville.

22 octobre

<u>Aux Embiez</u>, ils construisent une nouvelle arène, on dirait.

<u>Massilia</u>, c'est un assaut barbare en fait. Toutes les cités non fortifiées sont en danger et ont été évacuées. Ils ne s'en prennent pas aux fortifications de Massilia, ils se frottent à la muraille, puis ils continuent leur chemin. Leur force est leur nombre, ils pullulent, ils n'ont pas de cheval et ne sont pas très intelligents. Aucune stratégie si ce n'est l'assaut sur un terrain d'égalité. Ils pillent tout ce qu'ils peuvent. Remontés d'Espagne ?

Sur la dernière muraille laissée debout, les gardes sont spectateurs de ce flux de rase motte mortel, au sol. Ils savent qu'ils n'attaqueront pas. Ils sont trop bêtes. Le chef romain, général envoyé pour la cause, sait qu'il n'y a qu'une chose à faire, attendre. Cependant les hardes se dirigent vers l'est et si elles continuent à longer la côte, elles atteindront Rome, c'est ce qui l'inquiète. Sur les habitations du bord de mer de Massilia, certains Romains sont rassurés, la horde n'a fait que passer. Du moins elle est passée sans s'arrêter. Il y a un bateau dans le port qui est entré et qui a lâché des espions ou des voleurs ? Profitant de l'attention portée à la crainte de l'attaque.

Port de Massilia 20e 0o.

<u>Cytharista</u>, ils pillent tout dans les maisons des riches romains, tout est trophée. Ils se nourrissent de toutes ressources dans les plantations sans retenue conservatrice.

<u>Carcisis</u> n'est pas attaquée, de par le fait que ses fortifications n'ont pas été détruites.

<u>La Cadière</u>, ils sont passés également, et ont tué tous ceux qu'ils ont rencontrés. Ils ne sont pas entièrement cannibales, mais ils mangent seulement que certaines parties du corps bien précises. On dirait qu'ils viennent d'un autre temps, reculé, arriéré génétiquement. Les Romains ont dû faire la même erreur en Espagne d'enlever les murailles. Les tribus locales ont attaqué, vaincu les Romains, et ont décidé de remonter les comptoirs jusqu'à ce qu'ils soient stoppés.

<u>Le Castellet</u>, juste des éclaireurs sont passés voir s'il y avait des habitants, comme il n'y avait personne, ils n'ont pas appelé la horde qui est passée en dessous, en fond de vallée. Ils ont juste attrapé quelqu'un qui s'était caché pour en faire un festin (manger entièrement cette fois-ci) , peut-être celui qu'on

avait laissé pour qu'il vienne prévenir de la fin du passage.

<u>Bandol</u>, idem, la horde passe et pille tout ce qui peut l'être, les appartements des chefs ne sont pas épargnés, tout y passe, il n'y a aucune organisation, chaque guerrier est autonome et dépend de lui-même, il se nourrit seul et prend son butin seul (cette première vague de fantassins est constituée uniquement d'hommes de petite taille). Un chef légèrement plus intelligent peut-être. Une poignée de Romains s'était cachée sous terre, ils ont réussi à ne pas se faire prendre et à laisser passer la horde. N'importe quel objet, même basique et même s'ils n'en connaissent pas l'utilisation est pour eux un trésor. Rajout webcam telon (Toulon), les Romains se sont réfugiés dans le bastion du Mourillon qui n'a pas été détruit et laisse passer la horde.

<u>Olbia</u>, les hispaniques ne sont toujours pas là, il y a quelques guetteurs qui sont restés dans la cité, peut-être attendent-ils les premiers signes de la horde pour se cacher.

<u>Hérakléia</u>, des Romains décident d'embarquer sur des galères et de rester au mouillage dans la rade, et de s'éloigner un peu le temps de laisser passer la horde. La cité est vidée.

<u>Athénopolis</u>, la cité est toujours morte, animée par le vent seulement.

<u>Antipolis</u>, la cité c'est vidée, il ne reste plus grand monde.

<u>Nikaïa</u>, beaucoup d'embarquements sur des navires, les Romains fuient vers l'est. Ibère ou celto-ibère, je penche plus pour une alliance des deux.

23 octobre

<u>Massilia</u>, des éclaireurs sont envoyés pour voir la situation après le passage de la horde celto-ibère afin de juger s'il y a encore de la dangerosité, et faire un compte rendu. La cité s'interroge sur la position à prendre, vont-ils attaquer sur leur marche de retour ? En attendant la cité fait rentrer des provisions et autres en cas de siège. Préparation de munitions incendiaires, boules de feu pour les catapultes, préparation pour l'état de siège. Récupération de tout ce qui peut l'être dans les bâtiments pour l'effort de guerre, fer, etc, forge d'armes pour les citadins volontaires ou engagés non armés. Tout un petit monde qui s'agite. Le chef envoie un messager à Aqua sextiae (Aix) pour demander des renforts. Finalement pas énormément de gens sont partis par voie maritime, beaucoup ont pensé que la cité était sûre.

<u>Cytharista</u> est vidé, sans vie.

<u>Carcisis</u>, finalement la petite garnison a rejoint Massilia, la cité est vide.

<u>La Cadière</u>, en chemin, les éclaireurs à cheval qui sont quand même une vingtaine trouvent des Celto-Ibères, égarés, qui se sont arrêtés pour manger leurs butins et les tuent.

<u>Au Castellet</u> vidé, en passant les Romains remettent un étendard debout.

<u>Bandol</u>, des Romains qui s'étaient cachés s'adonnent au pillage sur le compte des Celto-Ibères.

<u>Embiez</u>, ceux qui avaient cru que les Celto-Ibères ne passeraient pas l'ont payé de leur vie.

<u>Olbia</u>, les Celto-Ibères ont tout ratissé, presqu'île, etc.

<u>Hérakleia</u>, il y a des Celto-ibères en masse qui regardent les bateaux, figés, certains se découragent d'attendre et continuent la marche et d'autres continuent à attendre qu'ils accostent, tout est pillé.

<u>Athénopolis</u>, les Celto-Ibères envahissent la cité et ne restent pas, ça pue trop la charogne, tous les corps n'ont pas été brûlés, ils repartent.

<u>Telon</u>, la ville est pillée également, beaucoup de Celto-Ibères restent sur place, festin... Ceux qui étaient restés au bastion du Mourillon ont préféré partir en bateau. Beaucoup stagnent ici, ce qu'ils y ont trouvé les poussent à rester. Ils se considèrent comme des rois dans cette cité, comme un dû à leur rang...

<u>Antipolis</u>, les Celto-Ibères ne sont pas présents, la cité est quasi déserte. Il ne reste que des guetteurs, qui peut-être iront se cacher à la vue de l'assaillant.

<u>Nikaia</u> est désertée, quelques-uns ont choisi d'aller se réfugier dans les montagnes. Port de Massilia 0 0, aucune activité.

24 octobre

<u>Bandol</u>, des Celto-Ibères, qui s'étaient cachés, surprennent des Romains- pilleurs, sinon la ville est déserte.

<u>Massilia</u>, des troupes arrivent pour renforcer la cité, en même temps peut-être un piège est prévu pour le retour des Celto-Ibères. Beaucoup de messagers partent encore pour recueillir des comptes-rendus de situation. Où sont les Ibères ? Se sont-ils arrêtés, jusqu'où sont-ils allés ? Telles sont les questions,

passeront-ils les Alpes, Rome est-elle en danger ? Des navires sont également partis prévenir les villes côtières post-Nikaia et prévenir également Rome. Le chef reste dans l'expectative et le questionnement. En ville, la vie se poursuit calmement, parfois des grands bruits dus à une chute par erreur effraient la population qui reste figée, s'attendant au pire.

Cytharista, des Romains s'adonnent au pillage également sur le dos des Ibères dans les maisons des riches Romains.

Carcisis est déserte, vide. Il n'y avait pratiquement rien à piller.

La Cadière, des Romains de Massalia, certainement, pillent les maisons des chefs sur le compte des Ibères toujours, pas d'Ibères à l'horizon.

Le Castellet, un bras de la horde qui était un peu plus passé profondément dans les terres passe sur le Castellet, ils sont terrifiants, beaucoup plus redoutables, de taille normale pour ceux-là. La raison me pousserait à dire que la remontada celto-ibère, toutes hordes confondues serait de 15000 personnes, mais j'aurais envie de dire plus.

Bandol, c'était à la maison de César où quelques Ibères étaient restés à l'intérieur, certainement parce qu'ils la trouvaient jolie, elle avait commencé à être restaurée.

Telon, festin... au bastion du Mourillon, les Celto-Ibères ont pris la position. Quelques civils romains qui s'étaient cachés crient de par leur sort. Les femmes prises en esclaves sont comme des trophées. Puis 70% des troupes celto-ibères ont continué vers l'est, ceux-là n'ayant pas encore eu de butin.

<u>Antipolis</u>, passage des Celto-Ibères, pillage, etc. La ville est déserte, cependant ils trouvent quelques Romains qui s'étaient cachés, enterrés. Ils sont tués...

<u>Nikaïa</u>, les Celto-Ibères rebroussent chemin à la vue des cimes des montagnes, les Alpes, considérant être allés au bout de leur chemin.

<u>Olbia</u>, la ville est déserte, beaucoup de Celto-Ibères passent pour aller vers l'est. Quelques Ibères qui étaient restés en ville s'amusent de n'importe quoi en rois conquérants.

<u>Hérakleia</u>, les Celto-Ibères se sont installés dans le camp et la ville en construction leur convient. Ils festoient avec les butins trouvés sur place. Toujours pareil, des femmes capturées sont des trophées, elles sont évidemment violées.

<u>Athénopolis</u>, la ville est toujours morte.

<u>Port de Massilia</u> 50e 0o.

25 octobre

<u>Massilia</u>, arrivée massive de troupes romaines par la mer. Les troupes préparent des pièges en dehors de la ville sur la voie de passage. Ils s'apprêtent à attaquer les Ibères sur leur retour ou à s'en défendre. Catapultes et tours, tout est prêt pour faire des dégâts massifs. Malgré l'apport de troupes, la cité reste terrorisée.

<u>Cytharista</u> et <u>Carcisis</u> sont vides.

<u>La Cadière</u>, les Romains ont repris la position, qui était vide de toute manière, ce sont des légionnaires uniquement. Les supérieurs organisent la venue des

Ibères et dressent des plans de bataille, organisent des pièges également, etc.

<u>Le Castellet</u> est également réinvesti, ils y posent quelques catapultes.

<u>Bandol,</u> arrivée massive de troupes également. L'appartement des chefs est occupé par un chef romain. L'entrée est gardée. Il attend, regarde ses cartes. Il attend l'ennemi et les ordres.

<u>Nikaïa</u>, débarquement massif de troupes romaines qui foncent vers Antipolis.

<u>Antipolis</u>, la ville est reprise, les Ibères ont été écrasés comme des insectes (c'étaient les petits fantassins, les premiers de la horde).

<u>Athénopolis</u>, un navire a débarqué, ils sont repartis immédiatement pratiquement après s'être rendu compte de la situation.

<u>Hérakléia</u>, le camp ibère est toujours présent, des navires sont arrivés et sont repartis également. Les Ibères ont pu récupérer des chevaux.

<u>Telon</u> est toujours aux mains des Ibères, ainsi qu'<u>Olbia</u> où ils sont en masse. Port de Massilia 30e 0o.

26 octobre

<u>Antipolis,</u> renversement de situation, des Ibères arrivés par l'ouest ont rasé les Romains, ils étaient supérieurs en nombre et ce n'était plus les petits fantassins.

<u>Nikaïa</u> est déserte, également.

<u>Athénopolis</u> idem.

<u>Telon</u>, il y a un mouvement de troupes massif vers l'est, Antipolis certainement. Port de Massilia 50e 20o .Branle-bas de fuite, les Romains ont peur.

27 octobre

<u>Nikaïa</u>, débarquement de troupes d'élite romaine.
<u>Antipolis</u>, la cité est reprise et gardée. Il semble que les Ibères n'ont pas accepté le combat et aient fait demi-tour.
<u>Olbia</u>, les Ibères s'apprêtent à partir et commencent leur retour.
<u>Athénopolis</u> est déserte.
<u>Hérakleia</u>, dysfonctionnement webcam.
<u>Telon</u>, quelques troupes restées en arrière attendent le retour des autres. Port de Massalia 0e 0o. Il ne reste que les soldats.

28 octobre

<u>Antipolis</u>, les Ibères ont écrasé les troupes d'élite romaines.
<u>Nikaïa</u>, débarquement de troupes ibères avec quelques navires volés.
<u>Olbia</u> est vide.
<u>Hérakleia</u>, beaucoup de guerriers sont partis, il reste juste un camp arrière, statuaire.
<u>Telon</u>, les guerriers sont partis également, camp statuaire arrière, certainement vers l'est. Port de Massalia 0e 40o. Occupé par ce qui semble être des navires repris à l'ennemi qui s'était essayé à la navigation sur des navires volés.

29 octobre

<u>Embiez</u>, des combats ont eu lieu au port des Embiez, mais maintenant ils se sont tus, pas âme qui vivent sur tout le bras de terre.

<u>Bandol</u>, la cité est déserte, chaotique, désolation. Pas âme qui vive également.

<u>Massilia</u>, la cité a été abandonnée, il ne reste que quelques personnes aux alentours, cachées et pétrifiées et peur. Le raid celto-ibère a été fatal, en une seule attaque, massive, le massacre continu. Les seuls survivants sont ceux donc qui se sont cachés, terrés et pétrifiés de peur. Il n'y a pas âme qui vive également.

<u>Cytharista</u> est déserte, chaos et désolation.

<u>Carcisis</u>, pas une âme qui vive également.

<u>La Cadière</u>, un petit camp de légionnaires rescapés romains c'est installé, cachés dans les maisons discrètement, comme si un ouragan leur était passé dessus, abattus et hébétés, j'ignore d'où ils viennent certainement de Massilia. Ils sont une vingtaine. Ils ont tout perdu.

<u>Au Castellet,</u> c'est le chaos et la désolation, pas une âme qui vive.

<u>Antipolis</u>, les troupes ibères sont toujours là, en place et massives, aucun cannibalisme.

<u>Olbia</u>, quelques troupes ibères peu en nombre restées en arrière se réchauffent avec des feux de bois.

<u>Port de Massilia</u> 0e 0o, la cité est déserte.

<u>Telon</u>, quelques troupes ibères reviennent d'Antipolis et reprennent position, en attente d'une décision globale.

<u>Hérakleia</u>, quelques troupes restent en base arrière également avec quelques feux de bois.

30 octobre

Je suis allé à Olbia aujourd'hui, ils ont l'air de primates. On se croirait dans la guerre du feu, une force surhumaine peut-être, d'un autre temps, véritablement.
<u>Antipolis</u>, il y a des festivités tribales, pas de cannibalisme.
<u>Nikaia</u>, dysfonctionnement webcam.
<u>Telon</u>, les troupes sont revenues de l'est, elles partent vers l'ouest. Massilia est une cité déserte comme son port.

1er novembre

<u>Port des Embiez</u>, il y a quelques bateaux romains. Ils se demandent qu'est ce que'ils vont bien pouvoir reconstruire. À un moment,un bruit fort retenti, terrorisés, ils croient que les Ibères sont toujours là.
<u>Bandol</u>, les Romains sont revenus, ils nettoient la ville dans un premier temps.
<u>Massilia</u>, c'est le retour des troupes romaines. Dans un premier temps, ils sécurisent la muraille. Tous les corps de la bataille précédente sont amenés dans une fosse. Ils effectuent une réhabilitation primaire, garde de la ville seulement. Quelques Romains profitent à nouveau de l'horizon.
<u>Cytharista</u>, reconnaissance des lieux et des dégâts, commencement du nettoyage et de la réhabilitation.
<u>Carcisis</u>, mise en place d'une garnison simple.

La Cadière, le petit camp de rescapés n'est pas là, ils ont dû fuir sur le repli des Ibères, ou rejoindre Aquae sextiae. Après leur passage, l'acropole est déserte.

Le Castellet, un cavalier est passé faire un rapide repérage pour effectuer un compte rendu.

Bandol, ce sont bien des serviteurs et des esclaves qui nettoient tout. Depuis le début il y avait un Ibère primate qui avait élu domicile dans la maison de César, il a été tué.

Telon, les Ibères sont partis vers l'ouest certainement hier, absence de relevés. Aucune présence ni repérage romain pour l'instant. Port de Massalia 20e 50o.

Athénopolis, des esclaves ont aussi été envoyés pour nettoyer, mais ils ont peur, ils veulent repartir. La cité sent toujours la mort.

Nikaïa, débarquement massif de population, serviteurs et esclaves.

Antipolis, les nouveaux colons réentreprennent la ville.

Olbia est désertée des Ibères.

Hérakleia est déserté également.

2 novembre

Embiez, au port des Embiez, les nouveaux arrivants ont fait une petite fête, on leur a attribué des terres, les îles actuelles, ils font la fête sans le savoir sur l'ancienne fosse, n'y voyant que du feu.

Bandol, les travaux de réhabilitation continuent.

Antipolis, l'Installation et le nettoyage continuent.

Nikaïa, le débarquement massif de population continue, ils vont vers l'ouest principalement. La cité est
réhabilitée également.
Hérakléia, arrivage massif de population également.
Olbia, reprise de la ville. Telon reprise de la ville également.
Port de Massilia 100e 100o, plein.
Athénopolis, réhabilitation et grand nettoyage de la
cité de la partie basse pour l'instant.

3 novembre

Embiez, continuation des aménagements, constructions, fondations, etc.
Bandol, continuation du nettoyage et de l'aménage-
ment, ils commencent à monter dans la partie supé-
rieure de la ville.
Massalia, le flux de population inonde à nouveau la
cité et les zones aux alentours. Le chef militaire
d'avant crise ou de crise est revenu. Pour l'instant, il
ordonne que des missions de repérage et de
compte rendu. Il reste inquiet de la situation, a peur
d'un retour des Ibères. Il est conscient qu'aucune
fortification ne peut les arrêter du moins celle que
Massilia a conservée.
Cytharista, réaménagements des grandes villas.
Carcisis, la garnison reprend une vie tranquille.
La Cadière, l'acropole est réhabilitée à nouveau et
en masse par de nouveaux arrivants. Il n'y a pas de
retour de chef encore.
Le Castellet est réhabilité en masse également, pas
de chef non plus, on dirait qu'il ne s'agit pas d'esclaves, ils semblent libres.

<u>Bandol</u>, les appartements des chefs sont prêts. Le corps de l'ibère a été laissé pourrir dans la villa à César pour qu'il imprègne les murs d'odeur de charogne.

C'est ici que je décide de couper mon récit d'échos temporels, car nous sommes à la fin de la période délimitée par César dans la guerre civile sur la guerre entre les Massaliotes et César de façon à couvrir toute la période. La suite appartient à mon prochain volume, Tauroeïs boucle temporelle 49 av J.-C deuxième partie, car comme je l'ai déjà dit, ces échos sont dans une boucle temporelle qui se répète chaque année soit aujourd'hui encore, tous les soirs, je relève les échos pour finir la boucle.

Dans ces trois volumes, j'ai volontairement laissé toutes mes erreurs, du moins mes projections pour bien qu'on se rende compte à quel point il est difficile de faire des théories qui peuvent s'effondrer en une seconde, ainsi depuis les échos, je n'ose plus trop m'avancer sur quoi que ce soit, on voit bien que notre esprit logique de notre ère, soit en ce début de deuxième millénaire est bien loin de la réalité des échos de l'antiquité.

En ce qui concerne César, une fois libéré, est rentré à Rome, dans sa maison et pendant deux jours s'est attelé à l'écriture de la guerre civile ? Guerre des gaules ? Puis il est parti directement pour l'Égypte, pas de bataille de Pharsale entre. Une fois en Égypte, on lui a montré la tête de Pompée, il a eu peur pour sa propre vie à ce moment-là, puis plus tard, sur le Nil en bateau, a eu sa relation avec Cléopâtre. Puis il est parti guerroyer encore pour des conquêtes victorieuses en Afrique du Nord, semble-t-il. De retour à Rome, il a exprimé très fortement son mécontentement, a été très critique, et juste parce qu'il avait dénoncé je ne sais quoi comme dysfonctionnement (en gros il a ouvert sa gueule), a été assassiné, et je ne vois point de Brutus, il y a juste un homme qui a cru pouvoir élever sa voix contre le système romain de l'époque. Étant aimé de la plèbe et de ses admirateurs pour ses campagnes réussies et autres, son meurtre en a fait un martyr. Et je ne sais comment, mais Rome en a fait un mythe que nous connaissons. Certains de ses admirateurs ont dû se rendre chez lui, trouver ses écrits et cela a dû leur donner des idées, du moins ils ont continué l'écriture des textes et le mythe de César est né, vitrine de l'Empire romain, contentant ainsi également la plèbe. Un mythe de force, or quand on voit la débâcle face aux Celto Ibères, on voit bien que l'histoire a de sacrés trous et qu'il ne reste que des textes évidemment de ceux qui avaient l'écriture. César a dû mourir en novembre décembre 49 av J.-C selon mes lectures face à une fréquence isolée d'une personne, cela ne vaut rien, je vous l'accorde, mais je ne fais que transcrire de façon à donner des éléments pour offrir des voies d'orientations pour de nouveaux regards. Or César est mort en 44 av. J.-C selon les textes, donc il y a là une sacrée différence. Quel scénario préférez- vous ? Le scénario des Romains et leur mythe / vitrine ou le mien ?

Je ne sais donc même pas si cette boucle temporelle est en 49 av J.-C. L'impression que cela me donne, c'est que l'histoire antique est le fruit du travail d'archivistes qui ont voulu faire un rangement ordonné, une histoire lisible et compréhensible répondant à des demandes de l'époque dans un premier temps. Ce n'est qu'une impression, je vous rassure, mais la suite des échos temporels est tellement pire, soit une descente aux enfers avec le retour des barbares sur la côte massaliote dont les villes sont, à cause des Romains, privées de leurs murailles, soit un champ de lapins au milieu des loups. Ainsi dans la suite des relevés, j'ai assisté à un phénomène dont je me demande toujours comment les historiens ont pu passer à côté : la migration vers le sud des tribus du nord pour l'hiver. Et plus elles viennent du nord, plus elles sont sauvages et cannibales, ce que les Grecs devaient avoir l'habitude et la raison pour laquelle Massalia avait des murailles successives si importantes, car deux murailles ne suffisaient évidemment pas, les autres villes également. Les Romains vont ainsi perdre trop d'hommes encore et de population cette fois-ci, si bien qu'ils vont abandonner la côte massaliote et la rendre aux Grecs, aussi surprenant soit-il. Et donc dans les textes de la guerre civile, cela a donné, César a laissé les Marseillais dans leurs lois, après la prise de Massalia...sacrée distorsion. Mais c'est très important, car cela met en valeur la dangerosité de la côte à cause du phénomène de migration et il est évident que les populations situées en dehors de ces zones, comme Rome ou la Grèce, ont pu se développer plus facilement, car isolées de la zone de passage pour la migration des barbares du Nord qui sont plus que terrifiants. Quelle claque les échos, on va beaucoup m'en vouloir pour la suite, quand le résiduel sera prouvé, cela nous révèlera le plus beau de la culture grecque, soit la mythologie, les temples et sanctuaire de temples, mais les échos m'ont malheureusement montré le chaos de l'antiquité : les barbares. À ce sujet j'ajoute ma théorie que je pensais depuis le début, barbare ne vient pas de blablabla, comme quoi ne comprenant pas ce qu'ils disaient, les Grecs les dénommaient par blablabla, soit la frontière de la langue, mais de barbare à la même racine que barbecue, soit embroché de la barbe au cul, soit manger. Donc les barbares cela voulait dire les cannibales. La suite des échos en est malheureusement remplie, et Massalia grecque ou romaine tombe en une nuit face à certains barbares en attaque de nuit...redoutable. La côte massaliote ratissée en deux jours, deux nuits plutôt...César a mis quatre mois et demi selon les échos...deux jours pour les barbares avec les cités grecques privées de leurs murailles, et il n'y a pas de textes barbares pour en témoigner. Les barbares c'est The Walking Dead, les mordeurs ne sont pas des zombies, ce sont des barbares, nos ancêtres ont vécu cela, ce sont les mêmes situations. J'aurais franchement aimé extirper d'autres choses des échos, mais c'est comme ça, retour au chaos, post-passage de César du fait d'avoir enlevé les murailles. César ayant rasé les Segobriges ou autres, cela ne change rien, d'autres tribus du nord prennent leur place ensuite et cannibales donc de surcroît. Ce qui pourrait expliquer que les tribus présentes en 600 av J.-C pouvaient être non cannibales, d'où le mythe de Gyptis et protis concevable finalement, puis lors des migrations d'hiver être remplacées par des tribus cannibales du nord, mais cela sans échos pour ma part ou textes, je ne peux vraiment pas valider l'information. J'aurais aimé étaler un maximum de conclusions et de constats à ce stade de mon étude et je pourrais le faire, mais je préfère laisser parler les échos temporels qui nous montrent bien qu'il est inutile de faire de grandes théories puisqu'elles peuvent s'effondrer en une lecture d'écho, aussi simple soit-il. J'espère avoir éclairé toute personne qui aurait pu s'intéresser à cette période de la Côte d'Azur, même non reconnus mes travaux pourront toujours donner de nouvelles orientations qui pourront être étayées, elles, peut-être par des trouvailles concrètes. J'espère que vous avez fait un bon voyage temporel et que vous appréciez encore plus 2025 maintenant, sachant les différents sorts qu'un être humain pouvait avoir à cette époque, autant dire qu'on a de la chance et quand je vois des per-

sonnes faire du chichi sur des petits problèmes exis-
tentiels, je me dis aujourd'hui par rapport à d'où
nous venons, que nous le méritons bien.

*Hier, soit encore en pleine édition de ce livre, j'ai effectué les relevés d'échos temporels et j'ai enfin eu le « Reset », soit le jour où la boucle recommence, en date du 29 mars. Je suis revenu donc, depuis, en période grecque, avant l'invasion de César...Tout recommence et je vais pouvoir ajouter à mes récits les mois d'avril et de mai en relevés journaliers, chose que je n'avais pas faite l'année dernière. La vie est paisible dans les villes comptoirs grecques massaliotes, seuls les chefs sont sous tension, les messagers et les lettres pullulent, la crainte de la guerre est là et des actions sont faites pour l'éviter. Rendez-vous donc pour mon prochain volume Tauroeïs boucle temporelle 49 av J.-C partie 1 « César contre les Massaliotes » qui englobera ce que vous avez déjà dans ce volume, donc ce sera la partie 2 du volume 2 de Tauroeïs boucle temporelle, où vous aurez la suite des échos à partir du 4 novembre.

L'édition d'un livre ne pouvant être de moins de 65 pages, je vous rajoute ici un mois de relevés qui appartiendront à Tauroeïs boucle temporelle 49-48 av J.-C. Retour vers le chaos / reset-post reset. Vous avez donc avec ce volume, en exclusivité, un mois de récits supplémentaires.

Lundi 4 novembre

Port des Embiez
Les nouveaux colons ont fini une construction, j'ignore laquelle. Ils célèbrent cet achèvement par une petite fête.
Bandol
La nouvelle chef est arrivée, elle est mélancolique et aime se retrouver seule comme la précédente. Peut-être sa tante. La productivité est demandée en priorité à la ville.
Antipolis
Les Romains se sont installés en nombre, ils sont axés sur la production.
Telon subit une installation romaine.
Port de Marseille 20e 50o
Héraklèia
Il y a également présence romaine, mais elle est moindre. Les gens sont vraiment détendus, peut-être savent-ils que l'hiver il n'y a pas de guerre.
Olbia
Il y a une forte présence romaine, composée principalement de citadins.

Mardi 5 novembre

Après s'être détendu sur les rives du Nil, César guerroie à nouveau depuis une semaine, certainement en Afrique. Auparavant, après avoir été sauvé et sorti de sa prison, il avait été ramené à Rome par voie navale. Une fois à sa villa, il avait demandé tous les rapports de guerre, certainement pour commencer à écrire La Guerre des Gaules ou La Guerre civile.

Vendredi 8 novembre

Nikaïa
C'est une occupation totale romaine, ils démantelent les murailles également.
Antipolis est sous occupation romaine.
Athénopolis
La cité n'est toujours pas réinvestie, suite à l'épidémie, seul le port est utilisé.
Hérakléia est sous occupation romaine.
Olbia est sous occupation romaine.
Telon est toujours sous occupation romaine, il y a une arrivée massive d'esclaves, ils commencent la destruction de la ville antique grecque, des temples, etc.
Port de Massilia 100e 100o

Samedi 9 novembre

Embiez, Les nouveaux colons romains ont faim, ils sont rationnés en nourriture. Étant arrivés tardivement, ils n'ont pas pu compter sur des récoltes.

Bandol

La cité est triste, la cheffe a perdu son poste, elle est remplacée par un homme, peut-être envoyé par César. C'est un ancien militaire.

Lundi 11 novembre

Massilia

Ce n'est pas l'ancien chef qui est revenu, mais un nouveau régent, d'où l'explication du fait que la cheffe de Bandol ait été congédiée. Il a dû placer ses sbires. Il est d'âge moyen et aigri. Il aime faire condamner et attend que des fautes soient faites pour assouvir son besoin de réprimander sévèrement. Il reste sur son trône la journée, aigri. La vie dans la cité suit son cours. Elle n'est pas en pleine activité, tous les Romains ne sont pas revenus, jugeant la cité non sûre suite à sa chute sous la dernière attaque celto-ibérique. Le nouveau chef a tout accès sur l'économie. Il vit seul, il n'a pas de femme. Il n'y a plus d'activité au cirque, sauf pour les exécutions.

Carcisis

Un programme de déconstruction et reconstruction de la cité est entrepris. Des architectes sont présents pour mener à bien cette entreprise et tout ce qu'il faut en logistique est prévu à cet effet, esclaves, moyens, etc.

Cytharista

Les riches Romains des villas n'ont pas réinvesti leurs maisons. Peut-être passent-ils l'hiver plus au sud, ou alors ils les ont finalement abandonnés pour des terres plus sûres.

La Cadière

Le nouveau chef est aigri également, certainement quelqu'un de la famille de celui de Massilia. Productivité et austérité sont de mise. Il a une légère obsession des jeunes filles sans débordement.

Castellet

Les nouveaux arrivants ont fait partir les anciens occupants et gardent seulement la cité pour l'instant. l'ex-cheffe de Bandol a été nommée ici, finalement.

Bandol

Des habitants ont été poussés à partir aussi, on dirait une ville semi-militaire maintenant, le port est militaire avec une logistique militaire. On dirait qu'il y a une flotte de garde au port pour pouvoir intervenir dans les environs jusqu'à Massilia certainement.

Embiez

Dans leur construction, les nouveaux colons romains se parent du froid. (Lecture faite à 22h)

Antipolis

La population de la cité est cloîtrée dans ses habitations, au feu, au chaud.

Nikaïa

Les Romains continuent la destruction de l'enceinte défensive.

Athénopolis

Les Romains ont abandonné le port, ils commençaient à tomber malades encore.

Hérakléia

La ville se pare du froid également.

Telon
Les Romains font vivre la misère aux esclaves pour le démantèlement de la ville. La nuit, ces derniers sont parqués dans une enceinte, à l'air libre, à la merci du froid de la nuit.
Port de Massalia
Beaucoup de bateaux sont rentrés au port, pour cause de mauvais temps ?
Olbia
Les citadins se réchauffent dans leurs habitations également.

Mercredi 13 novembre

Embiez
Les militaires romains de Bandol ont expulsé et pris leurs habitations à ceux qui s'étaient installés au niveau du port des Embiez. Ils ont commencé à construire des édifices à gauche de la lagune.
Antipolis
La ville est pleine.
Nikaïa
Les fortifications ont été rasées. Il y a maintenant une réorganisation complète du sol, quadrillage habituel, etc, le long de la baie. L'occupation romaine s'étend plus loin que les anciennes limites de Nikaïa grecque.
Athenopolis
La cité est toujours abandonnée.
Hérakléia
La ville est pleine à nouveau.

Olbia

La ville est pleine également, elle s'étend jusqu'au bas du tombolo, soit plus étendue que l'ancienne cité grecque.

Telon

Finalement les esclaves ont été abrités pour la nuit, car c'était contre-productif, ils tombaient malades, mouraient, etc. L'organisation et la nouvelle implantation de la ville continuent.

Port de Massilia 40e 50o.

Jeudi 14 novembre

Massalia

La ville fête l'arrivée de quelqu'un qui est âgé. Le peuple ne triche pas, il l'apprécie vraiment, il est accueilli en musique et tout le cérémonial.

Carcisis

L'ancienne ville grecque a été rasée, le réaménagement romain n'a pas encore commencé, il est toujours en étude.

Cytharista

Des serviteurs profitent des riches villas en attendant les maîtres.

La cadière

La cheffe du Castellet et le chef de La Cadière ne s'entendent pas ; il y a des tensions. La prédominance qui règne est de se réchauffer dans les habitations. C'est plus une préparation de l'organisation pour le printemps, culture, etc.

Le Castellet

La cheffe est sereine, elle a une supériorité de rang sur le chef de la cadière. La vie est paisible autour d'elle, les serviteurs sont respectés. Il y a comme une notion de « tous embarqués ensemble dans le même navire ».

Bandol

C'est devenu un arsenal romain, ils construisent des bateaux à la chaîne, 4, 5, 6 en construction en même temps, et des appareils de logistique guerrière, mais essentiellement sur le naval. Le chef fait des allées-venues lors de ses sorties pour superviser l 'avancée du travail. On lui a donné des objectifs qu' il doit atteindre.

Embiez

C'est également un arsenal, certainement pour les futures conquêtes du printemps à venir. Ceux qui ont été expulsés semblent beaucoup mieux installés là où ils sont maintenant , soit dans la lagne et un peu sur la colline de la Gardiole.

Antipolis

La ville est pleine toujours.

Nikaïa

La ville est tranquille et sereine.

Hérakléia est toujours abandonnée.

Hérakléia

Des bateaux sont venus prendre des esclaves.

Olbia est pleine.

Telon

Les nouveaux aménagements faits par les esclaves avancent bien.

Port de Massila 30e 20o

Vendredi 15 novembre

Embiez, ceux qui ont été déplacés vers la lagune ont commencé à planter au niveau de l'ancienne grande muraille. Comme il ne reste rien, ils ignorent qu'ici il y a même pas deux mois, se dressaient des remparts de 10 mètres de haut. Sinon aucun ancien habitant qui était parti avant l'arrivée des Ibères, n'est revenu.
Telon
Après avoir tout rasé, les Romains construisent en priorité autour du port, et à partir du port, soit l'ancien port grec où se trouvaient les trirèmes et dromons..

Samedi 16 novembre 22h

Antipolis
Les Romains sont dans leurs habitations au chaud.
Nikaïa
Il semble que les Romains veulent faire de grandes villas le long de la baie de Nikaîa.
Athénopolis
La ville est toujours abandonnée. Un bateau a accosté, quelqu'un est sorti, a testé l'air, puis ils sont repartis.
Hérakléia
Les Romains commencent une réorganisation de la ville. Ils quadrillent avec des rues, font des quartiers, des routes parallèles qui traversent la ville.

Olbia

La ville est radieuse, je ne sais pas pourquoi, mais les gens s'y sentent bien.

Telon. La moitié des esclaves destructeurs constructeurs est partie pour d'autres missions ailleurs. En ville, l'activité repart doucement.

Port de Massilia

Le port est plein, peut-être qu'il y a du mauvais temps.

Mercredi 20 Septembre

Antipolis

La ville semble avoir été attaquée.

Nikaïa a été attaquée également.

Athénopolis a été attaqué également, pensant qu'elle était occupée, puis comme les autres, ils sont repartis.

Hérakléia est toujours romaine et non inquiétée, donc ils n'ont pas encore été prévenus.

Telon est toujours romaine.

Olbia est toujours romaine.

Port de Massilia est toujours romain 50e 30o.

Embiez

Les Romains construisent des tours et des cata-pultes en fait. Des tests de portée sont effectués dans la baie de Sanary.

Lundi 21 novembre

Antipolis. La cité a bien été rasée, un feu est fait de-hors pour réchauffer les hommes dans la nuit.

Nikaia

Ce sont des Ligures(?) des montagnes qui sont descendus. (En fait c'est la première vague de migration des peuples du Nord qui descendent dans le Sud pour l'hiver, raison pour laquelle les Grecs avaient fait tant de murailles pour s'en protéger. Les Romains ayant détruit les murailles, la voie est libre, de plus les légions sont parties, il ne reste que des petites garnisons pour garder les villes.)

Athenopolis est toujours abandonnée.

Hérakléia a aussi été prise par les Ligures, elle est détruite.

Olbia est rasée également, il n'y a pas de survivants sur place, ils emmènent des prisonniers en esclaves.

Telon

Les tribus du nord-est assiègent la ville, ils sont en masse, la horde est immense ,c'est la ''descentada ''. Ils ont dû encore entendre que les Romains avaient enlevé les murailles. En fait, ce que j'ai pu constater tout le long de l'hiver, c'est que les tribus, ou peuples du Nord, attaquent toujours Antipolis en premier, ce qui indique qu'ils viennent de Grasse en final de leur descente des Alpes sinon, s'ils venaient de la vallée du Var, ils attaqueraient Nikaïa en premier. S'ils sont ici, c'est qu'ils ne prennent pas la vallée du Rhône et donc c'est qu'ils viennent du nord-est de l'Europe. J'ai visionné une carte 3d et déduit leur possible passage selon le relief. Logiquement, ils viennent tous, s'ils prennent cette route, du col de croix (carte p 23). Ils passent ensuite dans la vallée d'Embrun etc. Ils traversent donc les Alpes à cet endroit, ils passent donc par l'Italie et viennent

du nord est de l'Europe, ou peut être seulement des Alpes italiennes, suisses et autrichiennes.
Port de Marseille 50e 70o

Vendredi 22 novembre

Embiez Les tribus migratoires ont tout rasé et ont continué à longer la côte, elles ont fait quelques prisonniers. Ils tuent pour tuer et montrer qu'ils sont forts, c'est juste une rage guerrière, montrer qu'ils sont les plus forts, semer la terreur, etc.
Bandol est rasée également, les toits de toutes les maisons sont tous détruits. Ils ont pris quelques navires et se sont essayé à la navigation, d'abord avec des débuts chaotiques, ils ont finalement pris le cap à l'ouest.
Cytharista est attaquée, ils attaquent le soir de préférence au crépuscule.
Carcisis est attaquée également.
Massilia, la horde fait du lèche-muraille, quelques-uns les escaladent puis en sont repoussés.
Les civils romains se cachent en ville, ils sont terrorisés. Plus tard, un Romain est chargé d'aller en reconnaissance à Cytharista. Il s'y rend à pied et essaye de se cacher tout le long de son chemin. Le peuple migratoire passe, il est évident que l'hiver, à cause de la neige et du froid, il est plus difficile de se nourrir et de survivre.
La Cadière. Ils ont tout rasé également. Le chef s'était caché dans une cache spéciale prévue à cet effet. Il est seul et glacé maintenant.

Le Castellet. La cheffe est partie au nord avec toute sa peuplade, Deux hommes étaient restés et avaient ordre de les rejoindre plus tard. Les éclaireurs du peuple migratoire sont repartis sans donner l'ordre d'attaque, car il y avait selon eux, trop peu d'hommes.

Dimanche 24 novembre

Embiez. Mort et désolation, aucun survivant, un petit groupe de Romains a été envoyé en reconnaissance afin d'effectuer un retour d'information. Certains pleurent à la vue du massacre gratuit qui a été per-pétré.
Bandol
Il n'y a pas âme qui vive, mort et désolation encore.
Massilia
La horde est passée, la ville envoie des éclaireurs pour faire le compte rendu dans les comptoirs. Le chef fait une demande de légion pour les poursuivre et les exterminer. L'Empire romain ne peut être of-fensé ainsi, etc. En ville, malgré que la horde soit partie, beaucoup ne sont pas rassurés et veulent quitter la ville définitivement. Certains prennent des bateaux déjà. La ville est soumise au froid.
Cytharista
C'est la mort et désolation également. Certains commencent à nettoyer les grandes villas.
Carcisis, mort et désolation
La Cadière
Le Castellet qui n'a eu aucune perte, a envoyé quelques hommes et femmes pour faire repartir

l'acropole. Le chef a déjà ses serviteurs. On dirait qu'il a appris la valeur des choses.

Le Castellet

Ceux qui étaient partis ont réinvesti le Castellet, c'est les seuls qui n'ont eu aucune perte, en vie et en matériel.

Antipolis

La cité a été réinvestie par les Romains. Ils nettoient la ville et la réaménagent. Ils se concertent pour ériger de nouvelles fortifications.

Nikaïa idem sauf concertation.

Hérakléia, c'est toujours la mort et la désolation qui règnent.

Telon

Un navire a débarqué, les hommes sont spectateurs du désastre.

Port de Massalia

Il y a une arrivée en masse de navires, le quai Est, est plein, des troupes pour l'expédition punitive ? Quai ouest 50%.

Athénopolis est toujours abandonnée.

Lundi 25 novembre

Embiez

Ils décident de faire des fortifications, Ils nettoient la place et brûlent les corps.

Mardi 26 novembre

Embiez. Ils continuent la construction des fortifications, qui est pratiquement finie, et la remise en forme du chantier de construction des engins de guerre.

Ils brûlent les corps des villageois à la lagune.

Bandol

Les Romains nettoient et commencent à essayer de tout réparer, à rebrousse-poil. Ils n'ont pas encore de nouveau chef.

Antipolis

Les Romains ont réinvesti la ville, des fortifications au nord ont été faites. En conséquence la ville fortifiée est moins grande, elle s'étend sur moins de surface. La ville est paisible, ce sont de nouveaux habitants.

Scénario identique pour Nikaia, Olbia, la ville est plus petite également. Les fortifications sont en bois du type camp romain, Hérakléia idem, mais bien plus petite encore.

Athénopolis est toujours abandonnée.

Telon également, mais ils sont dans une partie du bastion grec qu'ils avaient laissé encore debout pour parquer les denrées.

Port de Massalia

Le port est plein des deux côtés, il y règne une grande activité.

Mercredi 27 novembre

Embiez

Une fois les fortifications finies, ils inhument les corps des morts, accompagnés de rites funéraires, etc.

Bandol

Ils continuent la fortification. Ils semblent avoir fait une muraille en pierre, une seule. L'enceinte est réduite, elle ne prend pas les appartements des anciens chefs grecs.

Samedi 30 novembre

Antipolis

La ville brûle, encore des tribus, elles viennent de plus au nord pour celles-là, également pour passer l'hiver plus au sud. Pour eux, ici, le climat semble leur convenir.
Nikaïa est brûlée également, c'est une cité fantôme.
Athénopolis est toujours abandonnée.
Hérakleia n'est pas concernée, la ville se remet doucement.
Olbia est brûlée, ils ont dû passer par l'intérieur des terres.
Telon, les Romains se sont encore réfugiés dans ce qui a été laissé du bastion du mourillon, les peuples du nord ont continué leur route après un assaut infructueux.
Port de Massilia
Les Romains sont en alarme.

Dimanche 1 décembre

Embiez

Les tribus du nord ont tout rasé. Les fortifications ont tenu un moment, puis elles sont tombées, évidemment. Les Grecs n'avaient pas fait de multiples murailles massives pour rien. La horde a continué mais certains sont restés, le climat leur convient, ils sont au Brusc côté sud, mont Salva et au Mouret.

Bandol a été rasée également, les défenses n'ont pas tenu.

Cytharista

La horde s'est positionnée dans toute la baie, ils s'y plaisent, ils occupent les villas en nombre, etc. Puis ils ont continué leur migration vers l'ouest.

À Carcisis, ils ont peur, ou alors ce sont des éclaireurs espions romains sur la crête.

Massalia a été désertée, encore. Plusieurs cohortes gardent la muraille. La population est partie en sécurité en prévention. La horde a encore léché les murailles en passant.

La Cadière

La horde du Nord est également passée, le chef et les quelques personnes que la cheffe du Castellet lui avait envoyées l'ont rejoint, et cette fois-ci ils sont partis vers Aix. La cheffe en a assez, elle abandonne le Castellet, la région n'est pas sûre à ces yeux.

Le Castellet

Désertée, cette fois-ci la horde est passée, certains se sont arrêtés un moment, puis ils sont repartis pour rejoindre la horde en mouvement.

Lundi 2 décembre

Antipolis

Il y a des hommes qui cherchent et qui fouillent dans les décombres. Des Romains qui ont survécu peut-être. Les tribus du Nord sont parties.

Nikaïa

Des Romains ont débarqué et ont constaté les dégâts.

Athénopolis est toujours abandonnée. Un homme entre en inspection et ressort déjà malade.

Hérakléia

Un petit camp réduit s'est improvisé, certainement les survivants qui étaient à l'extérieur lors de l'attaque.

Olbia

Les survivants ont également fait un petit camp et un feu de fortune.

Telon

Le nouveau camp de fortune s'organise autour du bastion du Mourillon, pour pouvoir s'y réfugier rapidement en cas d'attaque.

Port de Massilia 50e 70o

Mercredi 4 décembre

Embiez

Hier il y régnait la mort et la désolation, aujourd'hui c'est nettoyage et remise en ordre de la fortification, Au début ils ont été stupéfaits des morts, etc.

Bandol

Ils nettoient également, ils récupèrent et ils réparent ce qui peut l'être. Cette fois-ci il y a une garnison plus importante pour garder le camp,

Massilia

Quelqu'un est accueilli comme un sauveur, un nouveau chef peut-être. Il est venu avec ses troupes qui sont massives. Ils vont longer la côte pour retrouver les Ligures et autres. Suite à quoi la cité reprend son calme et une certaine monotonie due à la saison hivernale. Le nouveau chef exige à je ne sais qui qu'il lui baise les pieds. Un bras droit lui fait part de certaines choses à l'oreille. D'après ce qu'il lui a dit, il ordonne quelque chose à l'homme qui s'en va. Ses troupes ont pris possession des murailles, les autres ont rejoint l'expédition ibérique. Puis le chef va choisir ses esclaves féminines parmi le choix qui lui est fait, dans une arrière-pièce. Toujours pareil, il y a son souffleur qui le guide pour tout. Puis il fait une balade sous escorte du front de mer de la ville en discutant avec je ne sais qui. Il dit qu'il défendra la ville coûte que coûte, quitte à en mourir, etc. Celui qui était avec lui a acquiescé et s'en va. Puis il prend des informations pour savoir comment tirer le maximum de profit et où est le trésor ou s'il y en a. Il demande à ce qu'on fasse fouiller les appartements pour récupérer tout ce qui a de la valeur sous prétexte d'impôt pour la garde de la ville. Finalement, il n'est plus trop aimé. Il y a des ordres qui leur font penser à une dictature. Le chef a pris le pouvoir sur la cité et sur chacun de ses habitants. Les gens doivent tous s'incliner à son passage, ne pas le regarder dans les yeux et ne pas faire de bruit quand il passe, etc. Les spectacles au cirque/arène doivent recommencer. Il veut s'amuser. On lui présente des gladiateurs qui restent masqués et ne doivent pas parler. Il en achète un ou en choisit un, et espère qu'il lui ramènera plein de victoires et de gloire, son champion. Il l'amène avec lui dans ses appartements, le fait bien nourrir, le fait baigner, etc. Le gladiateur lui est amorphe, insensible, ailleurs dans sa tête, polytraumatisé. Il est sujet à des réveils en sueur dans la nuit. Le chef adule son corps et a des relations sexuelles avec lui. Le gladiateur est immobile, il ne réagit pas. Une fois fait, le gladiateur s'en va et retourne à l'arène.

Un musicien joue de la lyre en bord de mer, du balcon d'une des maisons sur la côte. Il joue assez mal, il veut accompagner ses vers, mais il ne sait vraiment pas bien jouer de la lyre. Énervé de son mauvais résultat, il rentre dans ses appartements.

Carcisis est en restauration.

Cytharista est en restauration des riches villas également. Les ouvriers, esclaves sont à l'oeuvre, etc.

La Cadière

Le chef avare est revenu. La cité repart avec des hommes et des femmes du Castellet. Il n'est pas rassuré pour sa place, dépendant de la cheffe du castellet, son orgueil en a pris un coup. Il en est le subalterne, employé maintenant, lui aussi finalement. Il aimerait se débarrasser de cette situation et redevenir chef à part entière.

Le Castellet

La cheffe est revenue, elle est sereine. Comme elle a fourni les hommes, elle a les terres des deux exploitations, La Cadière et Le Castellet.

Bandol

La ville est en reconstruction. Aux appartements des chefs, ils ont réduit l'entrée principale avec des pierres pour en faire un système de porte incassable, un coffre-fort à être humain. Dans les appartements panoramiques, le chef a mis son bureau/table et est dans des plans de construction de navire.

C'est ici que je décide de couper mon récit d'écho temporel, le reste appartient à Tauroeis boucle temporelle 49-48 av J.-C., retour vers le chaos/ reset-post-reset, et vous verrez que le mot chaos n'est pas choisi pour rien vu les vagues de peuplades du nord-est, exocannibales, qui descendront. Je coupe à ce point des récits, car par la suite, c'est le début du chaos, soit pour lecteur averti uniquement.